Inhalt

Neoliberalismus - wie sieht die soziale Marktwirtschaft in Zukunft aus?

Kernthesen

Beitrag

Fallbeispiele

Weiterführende Literatur

Impressum

Neoliberalismus - wie sieht die soziale Marktwirtschaft in Zukunft aus?

I.Lukmann

Kernthesen

- Die Ausrichtung der Wirtschaftsordnung in der Bundesrepublik Deutschland, die soziale Marktwirtschaft, basiert auf den Grundlagen des Neoliberalismus.
- Der Staat greift der Theorie des Neoliberalismus zufolge dann ein, wenn ein Versagen des Marktes droht. Dies ist dann geboten, wenn der Mechanismus des Marktes beispielsweise aufgrund marktverzerrender Subventionen

zusammenbricht.
- Die Kritikpunkte an den Ansätzen des Neoliberalismus sind zahlreich: Vor allem im Hinblick auf die Globalisierung werden die Folgen des Neoliberalismus intensiv diskutiert.

Beitrag

Der Neoliberalismus hat als Zielsetzung zunächst eine markwirtschaftliche Wirtschaftsordnung. Damit ist gemeint, dass die Wirtschaftsordnung eines Staates sich an der Gestaltung des Marktes orientiert. Einige Merkmale dieses Ansatzes sind beispielsweise die Privatisierung von Unternehmen, der freie Austausch von Gütern und Dienstleistungen sowie von Arbeit und Kapital oder auch die freie Preisbildung auf den Märkten. (1), (6), (7)

Im folgenden Artikel wird zunächst der Begriff der Wirtschaftsordnung definiert. Daraufhin werden die Konzepte des Klassischen Liberalismus, des Neoliberalismus sowie der Sozialen Marktwirtschaft erläutert. Die Zielsetzungen sowie die Kernelemente des Neoliberalismus werden abschließend kurz skizziert. Den Abschluss des Artikels bildet eine kurze Darstellung der Sozialen Marktwirtschaft sowie die Kritikpunkte des neoliberalen Ansatzes, wie er seit

Mitte des 20. Jahrhunderts die Wirtschaftspolitik der Bundesrepublik prägt.

Definition des Begriffs Wirtschaftsordnung

Eine Wirtschaftsordnung wird als eine Menge von Regeln definiert, welche die Handlungsalternativen, die in einem Regelsystem möglich sind, aufzeigen. Diese Regeln sind bestimmt durch Prinzipien, welche die Inhalte der Regeln erläutern und rechtfertigen. [(1)](), [(6)](), [(7)]()

Klassischer Liberalismus

Der Vordenker des klassischen Liberalismus war Adam Smith. In seinen Schriften beschreibt er, dass das individuelle und auf den Eigennutz gemünzte Streben jedes einzelnen Staatsbürgers dazu führt, dass das Gemeinwohl optimal wird. Der Staat sollte daher, der liberalen Theorie zufolge, nicht regulierend in den Markt eingreifen. [(10)](), [(11)]()

Konzepte des Neoliberalismus

Der Neoliberalismus wird definiert als ein aus wirtschaftspolitischen Theorien entwickelter Ansatz. Dabei ist der Neoliberalismus vor allem aus den Denkansätzen des Liberalismus entstanden. Weiterhin sind aus diesem Ansatz in der Mitte des 20. Jahrhunderts die Ansätze der sozialen Marktwirtschaft entwickelt worden. Beide Ansätze werden im Folgenden skizziert.

Neoliberalismus

Die neoliberale Theorie betrachtet beispielsweise das Problem der Monopolbildung auf dem Markt. Eine Monopolbildung auf Märkten entsteht, wenn einzelne Unternehmen aufgrund ihrer Größenvorteile andere Unternehmen aus dem Wettbewerb ausgrenzen und auf diese Weise die Preisbildung auf dem Markt alleinig bestimmen können. Die Aufgabe des Staates laut neoliberaler Ansätze ist demnach, den Wettbewerb auf den Märkten sicher zu stellen.

Soziale Marktwirtschaft

Ursprünglich wurde der Begriff der Sozialen

Marktwirtschaft 1938 von Walter Eucken, Friedrich Hayek und Wilhelm Röpke geschaffen. Der in der so genannten Freiburger Schule entwickelte Ansatz des Ordoliberalismus definiert die grundlegenden Ansätze der Sozialen Marktwirtschaft. Dieser Ansatz zieht aus den Depressionen der 20-er und 30-er Jahre den Schluss, dass der Markt eine gewisse Regulierung benötigt, um funktionsfähig zu sein. Sozial ist eine Marktwirtschaft dann, wenn sie die Interessen des Einzelnen in Abstimmung zu den Interessen aller bringt und dabei einen Ausgleich zwischen den Interessen des Schwächeren ohne vollkommene Vernachlässigung der Interessen des Stärkeren vornimmt. Dabei sollte der Staat einige Eingriffsmöglichkeiten in das Marktgeschehen haben. Zum Beispiel die solidarische Rentenversicherung. Hierbei zahlen Arbeitnehmer und -geber Beiträge in das gesetzliche Rentenversicherungssystem ein. (1), (3), (5), (6), (7), (10)

Die Zielsetzung des Neoliberalismus entspricht daher weitgehend den Ansätzen der Sozialen Marktwirtschaft. Ziel beider Ansätze ist beispielsweise die Privatisierung, der Freie Handel sowie die Deregulierung des Marktes. Die Aufgaben des Staates sollten beispielsweise auf die Geldpolitik beschränkt sein. Dies sollte dazu dienen, eine Preisstabilität im Staat zu garantieren. Die Fürsorgepflicht des Staates reduziert sich demnach darauf, bedürftige Bürger zu versorgen und die Eigenverantwortung jedes Bürgers zu stärken.

Kritisiert wird der Neoliberalismus vor allem im Hinblick auf die Globalisierung. Kritiker sehen bei einem Versagen der Internationalen Märkte das Risiko, dass sich die Gesellschaft spalten könnte. (4), (8), (10), (11)

Bedrohungen der Sozialen Marktwirtschaft (9)

In Deutschland macht sich eine Reformmüdigkeit breit. Zahlreiche Reformen der letzten Jahre haben keine Verbesserung für den Bürger erbracht. Begründet wird dies zum einen damit, dass die entsprechenden Reformen wie zum Beispiel das Reformpaket Hartz IV ungenügend durchdacht worden sind.

Hinzu kommt, dass das deutsche Wirtschaftssystem auf eine klassische Industriegesellschaft ausgerichtet ist. Dies ist jedoch global gesehen nicht mehr zeitgemäß. Die Globalisierung führt zunehmend dazu, dass es eine weltweite Arbeitsteilung gibt. Industrieländer werden hierdurch zunehmend zu

Dienstleistungsgesellschaften. (9)

Fallbeispiele

Das Staatsmonopol bei Sportwetten hat bislang keines der Bundesländer kippen wollen. Nun schlägt Schleswig-Holstein zu einer Neuordnung des deutschen Lottomarktes einige Eckpunkte vor. Dabei konstatieren Johann Wadepuhl, Vorsitzender der CDU-Landtagsfraktion, sowie Hans-Jörn Arp, Vorsitzender des Wirtschaftsausschusses des schleswig-holsteinischen Landtags, dass sich der Lotteriemarkt in Deutschland wieder an den Grundsätzen der Sozialen Marktwirtschaft orientieren sollte.

Weiterführende Literatur

(1) Das Ende der Sozialen Marktwirtschaft
aus Frankfurter Allgemeine Zeitung, 11.11.2006, Nr. 263, S. 15

(2) Die Zukunft der sozialen Marktwirtschaft Das Ziel muss die Chancengleichheit für alle sein
aus Die SparkassenZeitung, 10.11.2006, Nr. 45, S. 17

(3) Die Soziale Marktwirtschaft: Freiheit braucht verlässliche Regeln Der Arbeits-"Markt" muss wieder mehr Markt werden
aus Die SparkassenZeitung, 10.11.2006, Nr. 45, S. 18

(4) Unterrainer, Viktoira / Müller, Albrecht, Was Neoliberalismus bedeutet, Welt am Sonntag, 02.04.2006, S. 31
aus Die SparkassenZeitung, 10.11.2006, Nr. 45, S. 18

(5) "WOHLSTAND FÜR ALLE" ·· Die Geschichte des Kapitalismus Die Regale sind voll, auf den Straßen flanieren gut gekleidete Leute - die SOZIALE MARKTWIRTSCHAFT bringt den Westdeutschen einen nie gekannten Lebensstandard und scheint dem Kapitalismus ein betörendes Antlitz zu geben.Doch Mitte der 60er Jahre zeigen sich erste Vorboten künftiger Krisen DIE GESCHICHTE DES KAPITALISMUS, TEIL 4
aus STERN Nr. 13

(6) Modern wie nie Die soziale Marktwirtschaft hat sich keineswegs überlebt. Ludwig Erhards Prinzipien sind die besteAntwort auf die Globalisierung. Eine Replik auf Wolfgang Münchau Von Juergen B. Donges
aus Financial Times Deutschland vom 16.03.2006, Seite 30

(7) Fundis ohne Fundament Viele Lehrsätze der Sozialen Marktwirtschaft stehen auf dürftiger

theoretischer Basis. Der ökonomische Provinzialismus ist ein Hauptgrund für die deutsche Wirtschaftsmisere.
aus Financial Times Deutschland vom 06.03.2006, Seite 28

(8) Ein gemeinsames Lager
aus Frankfurter Allgemeine Zeitung, 27.02.2006, Nr. 49, S. 14

(9) Machold, Ulrich, Wie die soziale Marktwirtschaft zu Ende geht, Die Thesen: Was bedroht die soziale Marktwirtschaft?, Welt am Sonntag, 26.02.2006, S. 34
aus Frankfurter Allgemeine Zeitung, 27.02.2006, Nr. 49, S. 14

(10) Retter des Kapitalismus
aus BILANZ Nr. 02 vom 01.02.2006 Seite 060

(11) Der Schrecken der Sozialisten
aus BILANZ Nr. 03 vom 15.02.2006 Seite 068

(12) Zum Thema Staat Neoliberal
aus Finanz und Wirtschaft, Seite 2

(13) Soziale Marktwirtschaft / Von Carl Graf Hohenthal Deutsche Verunsicherung
aus DIE WELT, 08.12.2005, Nr. 287, S. 6

Impressum

Neoliberalismus - wie sieht die soziale Marktwirtschaft in Zukunft aus?

Bibliografische Information der deutschen Nationalbibliothek

Die Deutsche Nationalbibliothek verzeichnet diese Publikation in der deutschen Nationalbibliografie; detaillierte bibliografische Daten sind im Internet über http://dnb.d-nb.de abrufbar.

ISBN: 978-3-7379-1747-6

© 2015 GBI-Genios Deutsche Wirtschaftsdatenbank GmbH, Freischützstraße 96, 81927 München, www.genios.de

Alle Rechte vorbehalten. Dieses Werk ist einschließlich aller seiner Teile – z.B. Texte, Tabellen und Grafiken - urheberrechtlich geschützt. Jede Verwertung außerhalb der Grenzen des Urheberrechtsgesetzes bedarf der vorherigen Zustimmung des Verlags. Dies gilt insbesondere auch für auszugsweise Nachdrucke, fotomechanische

Vervielfältigungen (Fotokopie/Mikroskopie), Übersetzungen, Auswertungen durch Datenbanken oder ähnliche Einrichtungen und die Einspeicherung und Verarbeitung in elektronischen Systemen.